Jean Marcel Mbikayi Mpanya

Introdução à conceção de tutoriais com HyperCard

Jean Marcel Mbikayi Mpanya

Introdução à conceção de tutoriais com HyperCard

ScienciaScripts

Imprint

Cover image: www.ingimage.com

This book is a translation from the original published under ISBN 978-620-6-70860-5.

Publisher:
Sciencia Scripts
is a trademark of
Dodo Books Indian Ocean Ltd. and OmniScriptum S.R.L publishing group

120 High Road, East Finchley, London, N2 9ED, United Kingdom
Str. Armeneasca 28/1, office 1, Chisinau MD-2012, Republic of Moldova, Europe
Printed at: see last page
ISBN: 978-620-8-26872-5

CAPÍTULO I
INICIAÇÃO À CONCEPÇÃO DE SOFTWARE

I.1. Objectivos

1. Dar aos leitores uma ideia geral dos conceitos fundamentais da Engenharia de Software, bem como do desenvolvimento e ciclo de vida do software;
2. Introdução à modelação UML ;
3. Conhecimento do processo de desenvolvimento orientado para objectos para ;
4. Explicar como passar da análise à conceção na programação orientada para objectos;
5. Ser capaz de desenvolver software utilizando boas práticas ;
6. Apresentar aos alunos o trabalho em grupo num projeto de TI.

I.2. Pré-requisitos

Para assimilar corretamente o curso, espera-se que os alunos já tenham programado em pelo menos uma língua clássica e que tenham conhecimentos das seguintes matérias:

✓ Curso de Algoritmos Clássicos.

✓ Cursos gerais de informática.

✓ Curso sobre o Método de Análise Computacional com uma abordagem Merise e UML.

✓ Pelo menos uma linguagem de programação processual ou baseada em eventos, como C, PASCAL, QBASIC e Visual Basic Net.

I.3. Noção de qualidade do software.

Na engenharia de software, vários trabalhos levaram à definição da qualidade do software em termos de factores que dependem, entre outras coisas, do domínio da aplicação e das ferramentas utilizadas. Estes factores incluem

✓ **Validade: a** capacidade de um produto de software para desempenhar exatamente as funções definidas nas especificações.

✓ **Fiabilidade ou robustez: a** capacidade de um produto de software funcionar em condições anormais.

✓ **Extensibilidade (manutenção):** facilidade com que o software pode ser mantido, ou seja, modificação ou extensão das funções que lhe são exigidas.

✓ **Reutilização**: capacidade do software para ser reutilizado, no todo ou em parte, em novas aplicações.

✓ **Compatibilidade:** facilidade com que o software pode ser combinado com outro software.

✓ **Eficiência:** Utilização óptima dos recursos materiais.

✓ **Portabilidade**: facilidade com que o software pode ser transferido para diferentes ambientes de hardware e software.

✓ **Verificabilidade:** facilidade de preparação dos procedimentos de ensaio.

✓ **Integridade**: a capacidade do software para proteger o seu código e os seus dados contra o acesso não autorizado.

✓ **Facilidade de utilização:** facilidade de aprendizagem, facilidade de utilização, facilidade de preparação dos dados, facilidade de interpretação dos erros e de recuperação dos erros. Estes factores são por vezes contraditórios e a escolha dos compromissos deve ser feita em função do contexto.

I.4. Ciclo de vida do software.

O ciclo de vida do software refere-se a todas as fases do desenvolvimento de um produto de software, desde a conceção até ao fim da vida útil. O objetivo desta decomposição é permitir a definição de marcos intermédios para que o desenvolvimento do software possa ser validado, ou seja, que o software satisfaz as necessidades expressas, e o processo de desenvolvimento possa ser verificado, ou seja, que os métodos utilizados são adequados.

Esta divisão baseia-se na observação de que os erros são mais dispendiosos quanto mais tarde forem detectados no processo de desenvolvimento. O ciclo de vida permite que os erros sejam detectados o mais cedo possível, controlando assim a qualidade do software, os prazos de entrega e os custos associados.

O ciclo de vida do software compreende geralmente, pelo menos, as seguintes fases
seguintes:

✓ **Definição dos objectivos -** Esta fase consiste em definir a finalidade do projeto e o seu enquadramento numa estratégia global.

✓ **Análise das necessidades e viabilidade** - ou seja, exprimir, recolher e formalizar as necessidades do requerente (o cliente) e todos os condicionalismos, estimando depois a viabilidade dessas necessidades.

✓ **Especificação ou** conceção **-** Consiste na elaboração de especificações para a arquitetura geral do software.

✓ **Conceção pormenorizada** - Esta fase consiste em definir com precisão cada subconjunto do software.

✓ **Codificação (Implementação ou programação)** - é a tradução para uma linguagem de programação das funcionalidades definidas durante as fases de conceção.

✓ **Testes unitários** - São utilizados para verificar individualmente se cada subconjunto do software está implementado de acordo com as especificações.

✓ **Integração** - O objetivo é garantir que os diferentes elementos (módulos) do software interagem entre si. É objeto de testes de integração registados num documento.

✓ **Qualificação** - ou seja, verificar se o software está em conformidade com as especificações iniciais.

✓ **Documentação** - Tem por objetivo produzir as informações necessárias para a utilização do software e para desenvolvimentos posteriores.

✓ **Manutenção** - Inclui todas as acções corretivas (manutenção corretiva) e acções de desenvolvimento (manutenção de desenvolvimento) do software.

A sequência e a presença de cada uma destas actividades no ciclo de vida depende da escolha de um modelo de ciclo de vida entre o cliente e a equipa de desenvolvimento. Para além dos aspectos técnicos, o ciclo de vida tem também em conta os aspectos organizacionais e humanos. Este artigo relata um curso de mestrado em ciências da educação, cujo objetivo era conceber e produzir um pacote de material didático utilizando HyperCard. Após uma breve introdução ao HyperCard, são fornecidas informações teóricas sobre o material didático e a sua utilização (tipologia, diferentes modelos de material didático, utilizadores, ensino, etc.). Segue-se uma fase de conceção do material didático, primeiro numa maquete e depois em HyperCard. Por fim, os produtos são avaliados através de uma grelha. Embora ainda haja margem para melhorias, este tipo de unidade de valor parece permitir uma boa transposição didática da teoria para a prática.

NOÇÃO SOBRE O TUTORIAL

Um tutorial (uma contração de "tutorial" e "software") pode referir-se a duas coisas:

✓ Um programa informático utilizado para o ensino assistido por computador

(CAI); mais precisamente, trata-se de um software interativo concebido para a aprendizagem de conhecimentos (e mais raramente de saber-fazer) sobre um determinado tema ou assunto e que inclui geralmente a autoavaliação dos conhecimentos; a DGLF recomenda a utilização do termo "software educativo" em sentido estrito;

✓ Um documento (em papel ou em formato digital) concebido para fornecer formação sobre a utilização de software; também conhecido como tutorial.

A palavra didacticiel é um neologismo que é mencionado na France Terme como fazendo parte da linguagem profissional. A France Terme recomenda igualmente o termo logiciel éducatif. O termo exerciseur é igualmente utilizado quando o software se baseia e m exercícios de formação, ou num ambiente multimédia interativo (a atividade pode ser gratuita). A utilização ainda não se decidiu entre estes termos. Trata-se de uma das ferramentas das tecnologias da informação e da comunicação (TIC) e das tecnologias da informação e da comunicação para a educação (TICE). Relatamos aqui as grandes linhas de uma unidade de valor concebida e realizada durante o ano letivo de 2018-21. Integrada no Mestrado em Educação da Universidade Pedagógica Nacional (UPN), esta unidade curricular (designada por TECH 2 para : TECHnologie, conception de supports éducatifs informatisés, niveau 2) permite aos leitores, através do software hipermédia HyperCard no PC, conceber e produzir um material didático. Este curso proporcionou a oportunidade de falar sobre CAE de uma forma ligeiramente diferente das habituais digressões sobre o lugar do CAE nas escolas. Esta experiência não pretende ser exemplar, mas o leitor poderá encontrar elementos para integrar a ferramenta de produção hipermédia HyperCard no contexto de ensino que mais o preocupa. Em primeiro lugar, serão discutidos os principais objectivos deste curso, seguidos de uma descrição e comentários sobre a sua organização ao longo do ano. Por fim, é feita uma retrospetiva da utilização do HyperCard, nomeadamente em relação aos sistemas de autor.

O que é a didática?

A didática de uma disciplina é a ciência que estuda, para um determinado domínio, os fenómenos de ensino, as condições de transmissão da cultura específica de uma instituição e as condições de aquisição de conhecimentos por um aprendente.

Qual é o objetivo da didática geral?

A didática geral ou metodologia geral é um conjunto de regras, princípios e conclusões aplicáveis a todas as disciplinas escolares. ... Neste sentido, diz respeito às interações entre os processos de ensino e de aprendizagem em relação a uma determinada disciplina escolar.

Qual é o objetivo da didática geral?

A didática geral ou metodologia geral é um conjunto de regras, princípios e conclusões aplicáveis a todas as disciplinas escolares. ... Neste sentido, diz respeito às interações entre os processos de ensino e de aprendizagem em relação a uma determinada disciplina escolar.

Quem foi o pai da didática geral?

Este conceito foi criado por um químico russo, Vernodsky, e generalizado pelo Padre Teilhard de Chardin. É frequentemente designado por transposição didática do "saber".
"É essa a palavra utilizada.

O que é a didática geral?

O termo didática geral implica que a didática trata dos princípios fundamentais do ensino e das várias formas de ensino, independentemente do conteúdo da disciplina.

Qual é o papel da didática?

A didática estuda cada etapa do processo de aprendizagem e sublinha a importância do papel do professor como mediador entre o aluno e o conhecimento. A questão da relação entre conhecimento e aprendizagem não pode ser corretamente analisada sem se colocar a questão do valor operacional desse conhecimento.

A didática é uma ciência?

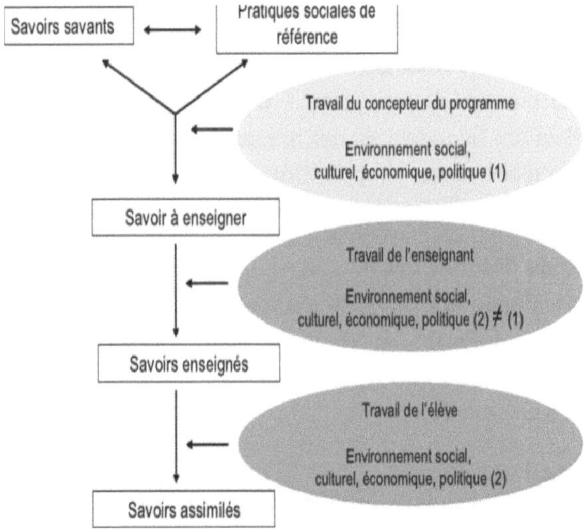

Figura 1: A didática é uma ciência

A didática é uma ciência relativamente jovem, nascida no início da década de 1970. A didática não concebe o objeto de aprendizagem de uma forma geral, mas em função dos conteúdos específicos de cada disciplina, daí o termo didática das disciplinas.

Quais são as caraterísticas da didática?

A didática é o estudo das questões suscitadas pelo ensino e pela aquisição de conhecimentos nas diferentes disciplinas escolares. A didática distingue-se da pedagogia pelo papel central desempenhado pelo conteúdo das disciplinas e pela sua dimensão epistemológica (a natureza do conhecimento a ensinar).

Qual é o objetivo do ensino das línguas?

A didática das línguas (DL) é o conjunto de métodos, abordagens, hipóteses e princípios pedagógicos que permitem aos professores, formadores e autores de ferramentas de aprendizagem - em particular, manuais escolares e software - otimizar o processo de ensino/aprendizagem de línguas estrangeiras.

Qual é o objetivo do ensino?

O que é a matéria de ensino, a matéria ensinada ou a ser ensinada? Definir o que deve ser transmitido, que conhecimento deve ser constituído e como deve ser transposto é o que determina o campo das diferentes didácticas.24 Jan. 2011

Quem é o fundador da didática?
São eles Janine Rogalski e Renan Samurçay. Os seus primeiros trabalhos de investigação estão claramente identificados no domínio da didática da matemática.

De onde vem a didática?
A didática, nos anos 70, nasceu na sequência do despertar de actividades ao nível da escola primária, então mal definidas, marcando o tempo antes do lugar dado na didática à psicologia genética e à epistemologia. Qual é a diferença entre o triângulo didático e o triângulo pedagógico?

Qual é o objetivo da didática das disciplinas?
O foco central da didática das disciplinas são os processos de construção do saber e do saber-fazer (por transmissão, reprodução ou criação original) que intervêm num sistema didático, ou seja, na estrutura constituída pelo conjunto das relações que se estabelecem entre os ...

O que é uma unidade de aprendizagem?
Em geral, uma unidade didática 1. parte de uma análise da situação, ou seja, das capacidades reais e das necessidades de aprendizagem dos alunos; ... especifica os objectivos, ou seja, as atitudes e os conhecimentos que os alunos devem prosseguir.

Objectivos da UV

✓ Escolher e depois decompor uma situação de ensino para a traduzir em sequências informatizáveis;

✓ Adquirir os conceitos básicos da ergonomia do software, a fim de :

- Ser capaz de conceber e produzir um pacote de material didático para satisfazer estes requisitos;

- Ser capaz de avaliar o material didático "pronto a usar" a este respeito.

✓ Conhecer as principais funções do HyperCard e utilizá-las para criar o tutorial (a programação em HyperTalk é opcional, pois é difícil).

✓ Conhecer os diferentes tipos de material didático e os modelos de ensino baseados na CAE.

Organização da UV

Sem entrar nos pormenores de cada sessão, vou dar-vos uma visão geral do funcionamento do curso.

INTRODUÇÃO AO HYPERCARD

Após uma breve apresentação da "lógica" do HyperCard, os alunos experimentam criar e manipular os diferentes objectos disponíveis (pilhas, cartões, botões, campos), seguindo a hierarquia de complexidade: do nível 1 (navegação) ao nível 5 (autor). Os aspectos atractivos (efeitos sonoros, alterações no mapa) também são abordados. É evidente que em apenas três sessões de duas horas, em grupos de dois, os alunos não conseguiram aceder a todas as possibilidades do HyperCard, no máximo conseguiram criar uma sequência Pergunta-Resposta (com o comando Resposta), e manipular alguns efeitos. Estas sessões destinavam-se mais a estimular a necessidade de aprofundar o software e de conhecer algumas das suas virtualidades, do que a fornecer uma verdadeira base de programação, uma base que exigiria pelo menos vinte horas de trabalho num computador.

CAPÍTULO II

MODELAÇÃO COM UML

2.1. Introdução

A descrição da programação baseada em objectos evidenciou a dimensão do trabalho concetual necessário: definição das classes, das suas relações, dos seus atributos e métodos, das interfaces, etc. Para programar uma aplicação, não convém precipitar-se a escrever o código: é preciso primeiro organizar as ideias, documentá-las e depois organizar a implementação, definindo os módulos e as etapas da implementação. É este processo anterior à escrita do código que se designa por modelação. O seu produto é um modelo. As especificações fornecidas pelo dono do projeto em programação imperativa eram muitas vezes vagas: como as articulações conceptuais (estruturas de dados, algoritmos de processamento) eram expressas no vocabulário do departamento de informática, o modelo tinha muitas vezes de ser desenvolvido por este último. Em princípio, a abordagem por objectos permite ao gestor de projeto exprimir-se com precisão, utilizando um vocabulário que, ao mesmo tempo que transcreve as necessidades da empresa, pode ser imediatamente compreendido pelos especialistas informáticos. Em princípio, porque a modelização exige um nível de competência e de profissionalismo dos gestores de projeto que não está atualmente generalizado.

2.1.1. Os objectivos do UML

✓ Representação de sistemas completos ;

✓ Estabelecer um acoplamento explícito entre conceitos e artefactos executáveis ;

✓ Tomada em consideração dos factores de escala ;

✓ Criar uma linguagem de modelação que possa ser utilizada tanto por humanos como por máquinas. Procurar uma linguagem comum que possa ser utilizada por todos os métodos;

✓ Adequado para todas as fases de desenvolvimento;

✓ Compatível com todas as técnicas de produção.

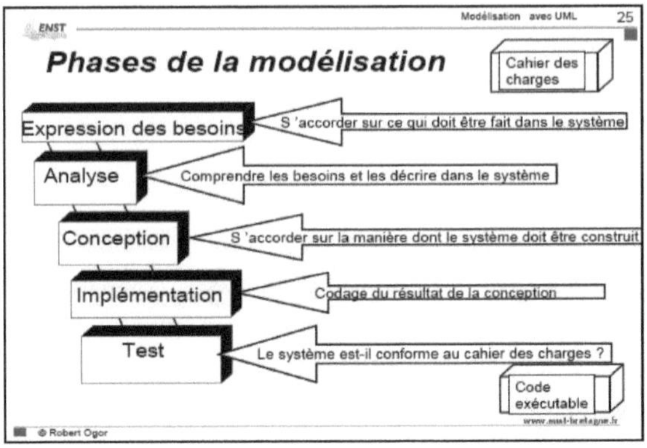

Figura 2: Fases de modelação

O problema da implementação da UML é simples: como passar da expressão dos requisitos para o código da aplicação? A UML é simplesmente uma linguagem de modelação, não um método. De facto, a UML não propõe uma abordagem de modelização que explique e enquadre todas as etapas de um projeto, desde a compreensão dos requisitos até à produção do código da aplicação. Um método deve definir uma sequência de etapas parcialmente ordenadas, cujo objetivo é produzir software de qualidade que satisfaça as necessidades dos utilizadores em prazos e custos previsíveis.

2.1.2. A UML é uma modelação baseada em objectos.

Os métodos utilizados nos anos 80 para organizar a programação imperativa (nomeadamente o Merise) baseavam-se na modelização separada dos dados e do tratamento. Quando a programação orientada para os objectos ganhou importância no início dos anos 90, tornou-se evidente a necessidade de um método adaptado a ela. Entre 1990 e 1995, surgiram mais de cinquenta métodos (Booch, Class-Relation, Fusion, HOOD, OMT, OOA, OOD, OOM, OOSE, etc.), mas nenhum deles conseguiu impor-se. Em 1994, chegou-se a um consenso sobre três métodos:

✓ OMC de James Rumbaugh (General Electric) fornece uma representação gráfica dos aspectos estáticos, dinâmicos e funcionais de um sistema;

✓ O OOD de Grady Booch, concebido para o Departamento de Defesa, introduziu o conceito de pacote;

✓ A OOSE de Ivar Jacobson (Ericsson) baseia-se numa descrição das necessidades dos utilizadores (casos de utilização).

Cada método tinha as suas vantagens e os seus apoiantes. O número de métodos concorrentes foi reduzido, mas o risco de fragmentação manteve-se: a profissão poderia dividir-se entre estes três métodos, criando outros tantos continentes intelectuais que teriam dificuldade em comunicar.

Num acontecimento considerável e quase miraculoso, os três gurus que dominavam cada um dos três métodos concordaram em definir um método comum que federasse as suas respectivas contribuições (desde então, foram apelidados de "os Amigos"). A UML (Unified Modeling Language) nasceu deste esforço de convergência. O adjetivo "unificada" está lá para mostrar que a UML unifica e, portanto, substitui. De facto, como o seu nome sugere, a UML não pretende ser exatamente um método: é uma linguagem. A unificação progrediu por etapas. Em 1995, Booch e Rumbaugh (e alguns outros) concordaram em construir um método unificado, o Método Unificado 0.8; em 1996, Jacobson juntou-se a eles para produzir a UML 0.9 (note a substituição da palavra método pela palavra linguagem, mais modesta). Os actores mais importantes do mundo do software juntaram-se então ao esforço (IBM, Microsoft, Oracle, DEC, HP, Rational, Unisys, etc.) e a UML 1.0 foi submetida ao OMG5. Em novembro de 1997, o OMG adoptou a UML 1.1 como linguagem de modelação para sistemas de informação baseados em objectos. A versão da UML atualmente em uso em 2008 é a UML 2.1.1, e estão em curso melhorias.

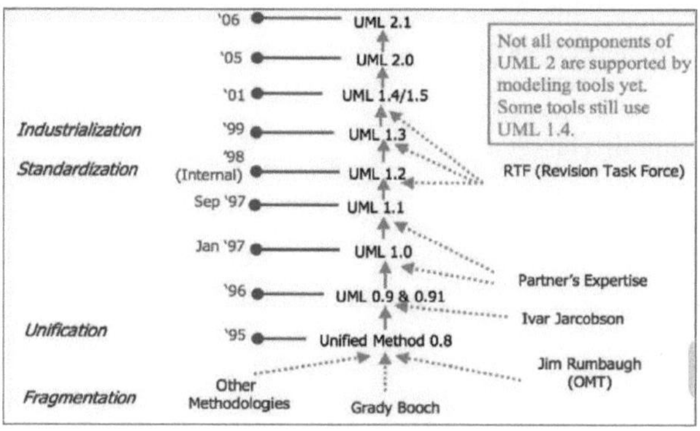

Figura 3: Diferentes versões da UML

A UML é, portanto, não só uma ferramenta interessante, mas também uma norma que se está a tornar a norma na tecnologia orientada para os objectos e à qual aderiram todos os principais intervenientes neste domínio, que também contribuíram para o seu desenvolvimento.

2.2. Diagramas UML

O UML compreende treze tipos de diagramas, indicando tantas visões distintas para a representação de conceitos particulares de sistemas de informação

a. Vistas estáticas ou estruturais.

- ✓ Diagrama de classes.
- ✓ Diagrama de objectos.
- ✓ Diagrama de componentes.
- ✓ Diagrama de implantação.
- ✓ Diagrama de embalagem.
- ✓ Diagrama de estrutura composta.

b. Vistas dinâmicas ou comportamentais

- ✓ Diagrama de casos de utilização.
- ✓ Diagrama de actividades.
- ✓ Diagrama de máquina de estado.
- ✓ Diagrama de síntese de interação.
- ✓ Diagrama de sequência.
- ✓ Diagrama de comunicação.
- ✓ Diagrama de temporização.

2.2.1. Diagrama de classes

a. Objetivo

Este diagrama é geralmente considerado o mais importante no desenvolvimento orientado para objectos. Representa a arquitetura concetual do sistema.

b. Definição

Uma classe é uma descrição abstrata (condensada) de um conjunto de objectos no domínio da aplicação informática, tendo em conta a sua estrutura, comportamento e relações.

c. Formalismo

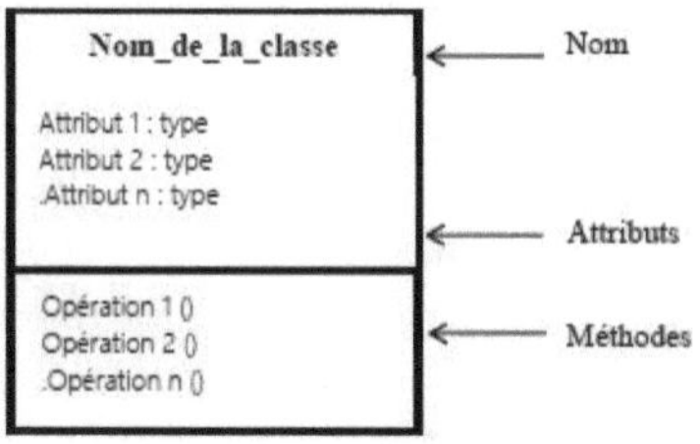

Figura 4: Formalismo

d. Conceitos utilizados no diagrama de classes

Um atributo (propriedade)

✓ **Definição**: um atributo é uma variável que armazena o conjunto de informações elementares que determinam o estado do objeto de uma classe.

✓ **Visibilidade e apresentação dos atributos :**

O UML define três níveis de visibilidade para os atributos:

- Público (+): O elemento é visível para todos os clientes da classe.
- Protegido (#): O elemento é visível para as subclasses (ou classes derivadas) da classe.
- Privado (-): O elemento só é visível para os objectos da classe em que é declarado.

1) Um objeto.

Um objeto é uma entidade com limites precisos que tem uma identidade (um nome). É uma instância de uma classe, o que significa que um objeto é uma entidade discreta com uma identidade, um estado e um comportamento que pode ser invocado.

Por exemplo, se considerarmos que "**Animal**" é um conceito abstrato, podemos dizer que "**Leopardo**" é uma instância de "**Animal**". Se Animal fosse uma classe, Leopardo seria um objeto.

2) Um exemplo.

Uma instância é uma expressão concreta de um conceito abstrato. Por exemplo, o Mercedes 190 na sua garagem é uma instância do conceito abstrato Automóvel.

3) Um identificador.

O identificador é um atributo especial que permite identificar de forma única cada objeto, uma instância da classe.

4) Uma operação.

A operação é uma funcionalidade fornecida por uma classe que representa um elemento do comportamento do objeto definido globalmente nesta classe.

5) Um método (ou função membro).

O método de um objeto caracteriza o seu comportamento, ou seja, o conjunto de acções (chamadas operações) que o objeto deve executar. Estas operações permitem que o objeto reaja a estímulos externos (ou actue sobre outros objectos). Além disso, as operações estão intimamente ligadas aos atributos, porque as suas acções podem depender dos valores dos atributos ou modificá-los.

6) Uma relação.

Se existirem ligações entre objectos, isso traduz-se absolutamente nas relações que existem entre as suas respectivas classes.

As ligações entre objectos devem ser consideradas como instâncias de relações entre classes.

Eis os tipos de relações entre classes:

- A associação.
- Generalização/especialização.
- Dependência.
- Interface.

2.1.1.1. A associação.

✓ **Definição**: Uma associação é uma relação estática n-ária (frequentemente binária), ou seja, liga várias classes para mostrar uma estrutura.

✓ **Função.**

Cada classe que participa na associação desempenha um papel, e estes papéis são definidos por duas propriedades:

- **Multiplicidade (ou cardinalidade)**: define o número de instâncias da associação para uma instância da classe. A multiplicidade é definida por um número inteiro ou por um intervalo de valores na lógica inversa da MERISE.

1	Um e apenas um	
0..1	Zero ou um	
N ou *	Vários (N: número natural)	
MR.N	De M a N (M, N números inteiros) natural)	
0..*	De zeros a muitos	
1..*	De um a vários	

Figura 5: Multiplicidade (cardinalidade)

A navegabilidade não tem nada a ver com a direção em que a associação é lida, uma vez que indica se uma associação pode ser percorrida, ou seja, se a navegabilidade colocada numa terminação de destino indica se a função pode ser acedida a partir da origem. Por defeito, uma associação é navegável em ambas as direcções.

2.1.1.1.1. Outros tipos de associação.

- **A classe de associação ( ) .**

Uma classe de associação tem as propriedades das associações e das classes, liga-se a duas ou mais classes e contém também atributos e operações.

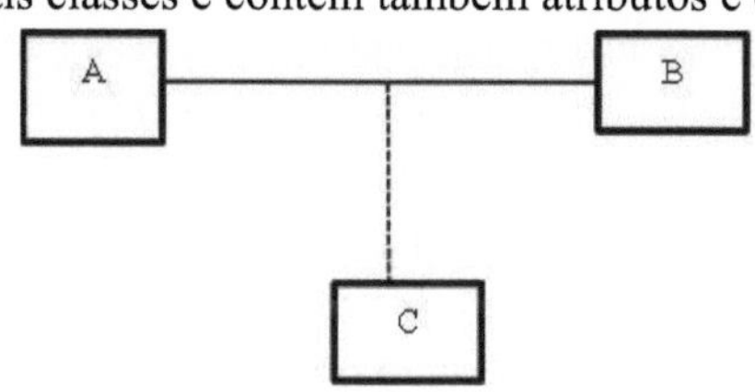

Figura 6: A classe de associação

Nota: Qualquer classe de associação pode ser substituída por uma classe intermédia que serve de pivô a um par de associações. Do mesmo modo, qualquer associação (que não contenha um atributo) que envolva três ou mais classes pode dar origem a uma decomposição com uma classe intermédia.

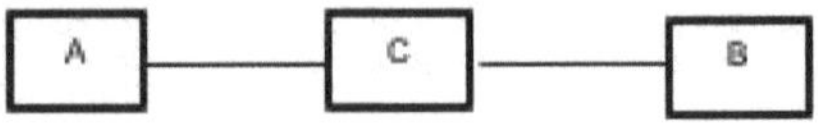

• **Agregação**

A agregação é uma associação que representa uma relação de inclusão estrutural ou comportamental de um elemento num conjunto, ou seja, representa uma associação não simétrica em que uma das extremidades desempenha um papel predominante em relação à outra extremidade.

• **Composição**

A composição é um caso especial de agregação em que a vida dos componentes está ligada à dos agregados. Descreve um conteúdo estrutural entre instâncias. Assim, a destruição do objeto composto implica a destruição dos seus componentes.

Figura 7: A composição

• **Associação reflexiva**

Os casos de agregação reflexiva podem ocorrer logo que as relações hierárquicas ou de parentesco são modeladas.

2.1.1.2. Generalização/especialização ( )Δ

A generalização descreve uma relação entre uma classe geral (classe de base ou classe-mãe) e uma classe especializada (subclasse). A classe especializada é completamente consistente com a classe de base, mas inclui informações adicionais (atributos, operações, associações). Um objeto da classe especializada pode ser utilizado onde quer que um objeto da classe de base seja autorizado. No UML, e na maioria das linguagens de objectos, esta relação de generalização é expressa pelo conceito de herança. Este conceito é também conhecido como relação de herança. A herança permite classificar os objectos. O princípio de generalização/especialização permite identificar subconjuntos de objectos dentro de uma classe (genérica) (também conhecida como classe filha, classe derivada, classe especializada, classe descendente, etc.).

As relações de generalização podem ser descobertas de duas maneiras:

– **Generalização**: trata-se de pegar em classes existentes que já foram destacadas e criar novas classes que combinem as suas partes comuns. Temos de passar do mais específico para o mais geral.

– **Especialização**: trata-se de selecionar as classes existentes (já identificadas) e derivar delas novas classes mais especializadas, especificando simplesmente as diferenças.

Formalismo e exemplo de generalização.

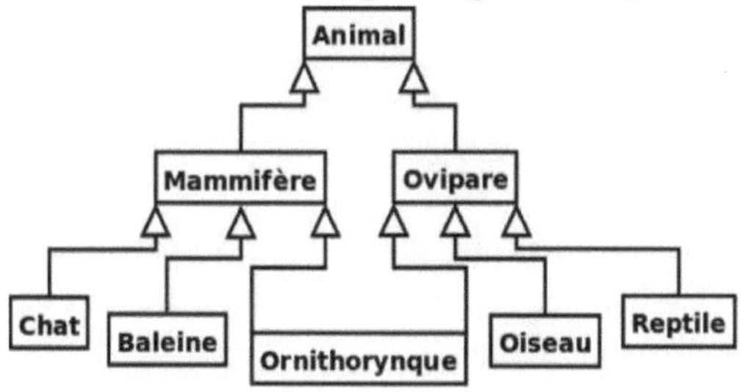

Figura 8: Formalismo e exemplo de generalização

2.1.1.3. Dependência (--->)

As relações de dependência são utilizadas quando existe uma relação semântica entre vários elementos que não é de natureza estrutural. Uma relação de dependência define uma relação unidirecional entre um elemento de origem e um elemento de destino. Uma dependência é uma relação entre dois elementos de modelação em que qualquer alteração efectuada num elemento de modelação (o elemento influenciador) afecta o outro elemento (o elemento dependente). Para cada tipo de dependência, uma palavra-chave ou estereótipo entre aspas pode ser adicionado à relação de dependência para especificar a sua natureza.

Os 4 tipos de relação são :

- **Abstração**: que é uma relação de dependência entre elementos que representam o mesmo conceito em diferentes níveis de abstração ou de diferentes pontos de vista. As palavras-chave são: "derivar", "refinar", "realizar", "traçar".
- **Permissão**: representa um elemento de origem (pacote, classe, operação, etc.) que tem acesso ao elemento de destino (pacote, classe, operação, etc.), independentemente da especificação de visibilidade deste último. A palavra-chave é: "friend" (amigo).
- **Ligação**: os parâmetros formais de uma classe configurável ou de uma colaboração devem estar ligados a valores. Esta dependência cria uma ligação

entre a classe ou colaboração parametrizável (o alvo) e a classe ou colaboração parametrizada (a fonte), sendo a palavra-chave "ligação".

- **Utilização**: um elemento (fonte) requer a presença de outro elemento (destino) para o seu correto funcionamento ou implementação. As palavras-chave são: "uses", "calls" e representam uma relação de dependência entre uma operação que invoca uma operação de outra classe.

Esta relação é representada por operações de ligação ou classes que possuem estas operações. A palavra-chave é: "cria". Representa o classificador de origem que cria uma instância do classificador de destino".

Representa uma relação de dependência entre classificadores devido à criação de uma instância do classificador de destino por uma operação do classificador de origem. A palavra-chave é: "instanciar".

2.1.1.4. Interfaces

Uma interface define o comportamento visível de uma classe. Este comportamento é definido por uma lista de operações com visibilidade "pública". Não são definidos atributos ou associações para uma interface.

Uma interface é, de facto, uma classe específica (com o estereótipo ""interface"").

A UML representa interfaces:

✓ Ou por meio de pequenos círculos ligados por uma linha ao elemento que fornece os serviços descritos pela interface;

✓ Ou por meio de classes com a palavra-chave "interface". Esta notação permite que a lista de serviços de interface seja incluída no compartimento das operações.

As relações possíveis numa interface são :

- A oferta

Esta relação especifica que uma determinada classe fornece a interface aos seus clientes

ou seja, a classe tem esta interface. Uma classe pode fornecer várias interfaces aos seus clientes, e cada interface define um dos serviços da classe. Esta técnica reduz a visibilidade de uma classe. Uma classe que expõe as suas operações públicas expõe-nas a todas as outras classes do modelo. O conceito de interface permite que uma classe defina vários perfis, permitindo que cada classe utilize apenas o perfil que lhe interessa. Desta forma, uma classe pode ser vista de várias perspectivas diferentes, dependendo da classe que a está a utilizar, o que aumenta a reutilização.

o Como é utilizado.

Esta relação diz respeito a qualquer classe cliente que pretenda aceder à classe de interface para aceder às suas operações. Trata-se de uma relação de utilização standard.

o Fazer acontecer.

Esta relação só é utilizada para interfaces. Uma realização é uma relação entre uma classe e uma interface. Mostra que a classe efectua as operações oferecidas pela interface.

2.2.2. Diagrama de casos de utilização

a) Objetivo

Este diagrama é utilizado para organizar as necessidades dos utilizadores e os objectivos correspondentes de um sistema. Centra a expressão das necessidades do sistema nos seus utilizadores.

b) Definição

Os casos de utilização identificam os utilizadores do sistema (partes interessadas) e as suas interações com o sistema. São utilizados para classificar as partes interessadas e estruturar os objectivos do sistema.

c) Conceitos utilizados no diagrama de casos de utilização

–**Ator:** é um tipo estereotipado que representa uma abstração que reside no exterior do sistema a modelizar, ou seja, representa um papel desempenhado por uma pessoa ou coisa que exerce uma ação recíproca com o sistema.

Existem 4 categorias de jogadores:

- **Os principais actores**: as pessoas que utilizam as principais funções do sistema;
- **Os actores secundários**: as pessoas que executam as tarefas administrativas ou de manutenção;
- **Hardware externo**: os dispositivos de hardware essenciais que fazem parte do domínio da aplicação e que devem ser utilizados;

- **Outros sistemas**: sistemas com os quais o sistema deve interagir.

Formalismo :

É representado por um pequeno homem com o seu nome e a sua função escritos. abaixo.

Figura 9: Ator com a forma de um homem

Um ator também pode ser representado sob a forma de um "ator" estereotipado de um armário de arquivo.

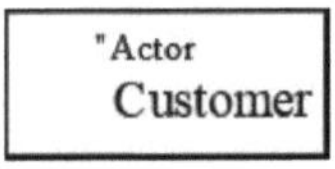

Figura 10: Ator com a forma de um retângulo

Casos de utilização

Um caso de utilização é uma unidade metódica de funcionalidade visível externamente. Fornece um serviço de ponta a ponta, com um início, uma continuação e um fim, para o ator que o inicia. Um caso de utilização corresponde a um objetivo do sistema, motivado pelas necessidades de uma ou mais partes interessadas.

Formalismo :

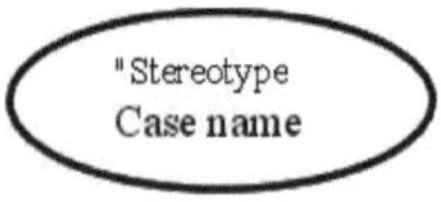

Figura 11: O caso de utilização

d) Relações entre casos de utilização

A relação exprime a interação entre um ator e um caso de utilização.

Formalismo :

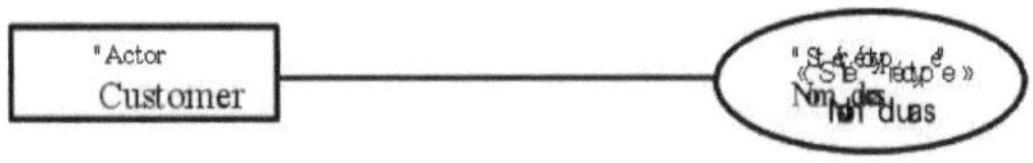

Figura 12: A interação entre um ator e um caso de utilização

Eis os três tipos de relação entre casos de utilização propostos pela UML:

▪ "incluir": o caso de utilização associa clara e obrigatoriamente outro caso de utilização à localização especificada,

Formalismo e exemplo.

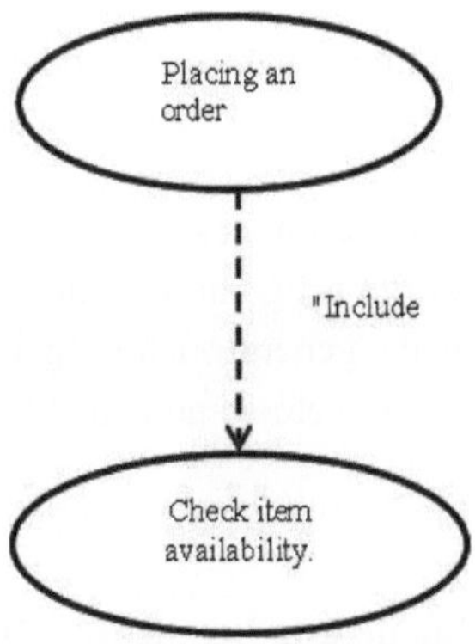

Figura 13: Relação de casos de utilização para o tipo "Incluir

NB: Para atingir o objetivo "Fazer uma encomenda", é necessário "verificar a disponibilidade do artigo".

▪ "extend": o caso de utilização insere implícita e opcionalmente outro caso de utilização na localização especificada,

Formalismo e exemplo

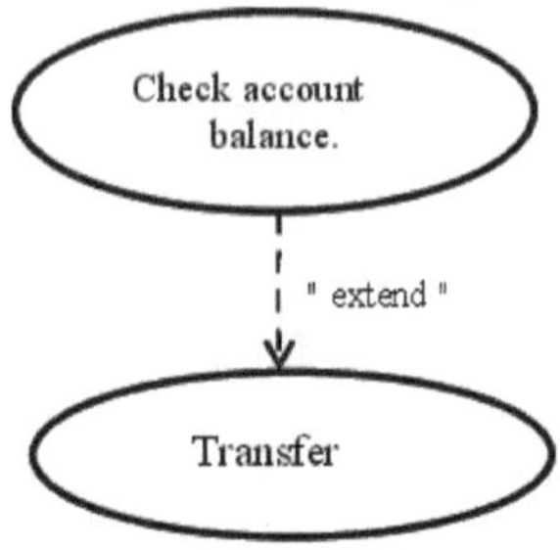

Figura 14: Relação entre casos de utilização alargada

▪ "Generalização: os casos de utilização descendentes herdam as propriedades dos seus pais.

Um caso A é uma generalização de um caso B se B for um caso particular de A. Na figura abaixo, encomendar um artigo através da Internet é um caso particular de encomenda. Esta relação de generalização/especialização está presente na maioria dos diagramas UML e reflecte-se no conceito de herança nas linguagens orientadas para os objectos.

2.2.3. Diagrama de máquina de estados - transições

a) Objetivo

Este diagrama mostra os diferentes estados dos objectos em resposta a eventos e ilustra a programação do trabalho.

b) Definição

Os diagramas de transição de estado UML descrevem o comportamento interno de um objeto utilizando um autómato de estado finito. Mostram as sequências possíveis de estados e acções que uma instância de uma classe pode executar durante o seu ciclo de vida em resposta a eventos discretos (como sinais ou invocações de métodos).

c) Conceitos utilizados no diagrama de transição de estados

- **Estado**

Um estado corresponde a uma situação duradoura em que se encontram os objectos de uma classe.

A representação simbólica dos estados de uma classe de objectos é a seguinte (retângulo com arestas arredondadas):

Exemplo de um relatório para uma encomenda :

- Estado "Preparação".
- Estado "em curso".

Relatórios predefinidos :

São predefinidos dois estados:

- o estado inicial de um objeto: é obrigatório e único;
- o estado final: consoante o acontecimento, pode haver vários estados finais.

Estado inicial Estado final

- **Evento**

Um evento é algo que acontece durante a execução de um sistema ou que merece ser modelizado.

- **Ação**

Uma ação é uma operação instantânea que não pode ser interrompida; está associada a uma transição.

- **Atividade**

A atividade é uma operação de uma determinada duração que pode ser associada a um estado de um objeto.

- **Transição**

Uma transição é a passagem de um estado para outro e define a resposta de um objeto à ocorrência de um evento.

NB:

1) Quando um evento é recebido, pode ser desencadeada uma transição para mudar o objeto para um novo estado. Os eventos podem ser divididos em vários tipos explícitos e implícitos: sinal, chamada, alteração e temporal.

2) Uma transição é representada por uma seta entre os dois estados.

Formalismo

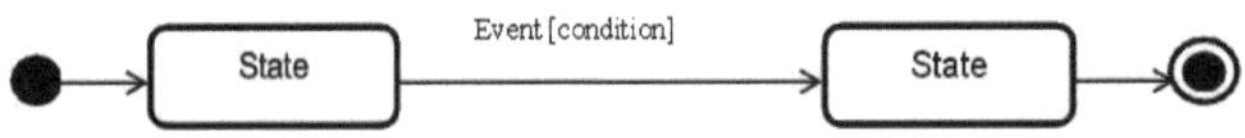

2.2.4. Diagrama de actividades.

a) Objetivo

Este diagrama fornece uma visão geral do progresso das actividades específicas de uma operação ou caso de utilização. Também pode ser utilizado para representar fluxos de controlo e fluxos de dados.

b) Definição

Uma atividade define um comportamento descrito por uma sequência organizada de unidades, cujos elementos simples são as acções.

c) Conceitos básicos e apresentação geral

O diagrama de actividades tem alguns pontos em comum com o diagrama de transição de estados, uma vez que diz respeito ao comportamento interno das operações ou casos de utilização. No entanto, o comportamento aqui descrito aplica-se aos fluxos de controlo e aos fluxos de dados específicos de um conjunto de actividades, e não de uma única classe. Os conceitos comuns ou muito semelhantes entre o diagrama de actividades e o diagrama de transição de estados são :

Nós de atividade ou de controlo.

: Nó final (estado final), : Nó inicial (estado inicial),

Nó de decisão (escolha),

⊗ **Nó de fim de fluxo (estado de saída),⟶ : Transição.**

NB: O formalismo permanece idêntico para estes nós de controlo.

✓ Os conceitos específicos do diagrama de actividades são :

- **Nó de bifurcação**

Um nó de bifurcação (fork) permite que um único fluxo de entrada seja utilizado para criar vários fluxos simultâneos que saem da barra de sincronização.

Formalismo

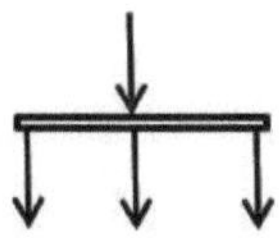

Nó de bifurcação (bifurcação)

Figura 15: Um nó de bifurcação

Exemplo de actividades com nós de bifurcação.

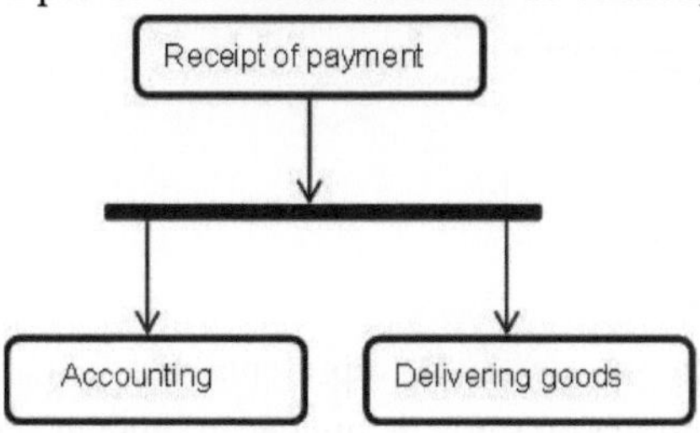

Figura 16: Actividades com nós de bifurcação

- **Nó de junção**

Um nó de junção (sincronização) é utilizado para produzir um único fluxo de saída a partir de vários fluxos simultâneos na entrada de sincronização. O nó de junção é simétrico ao nó de bifurcação.

Formalismo

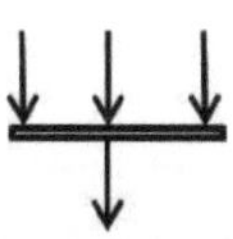

Nó de junção (sincronização)

Figura 17: Nó de ligação

Exemplo de actividades com um nó de junção.

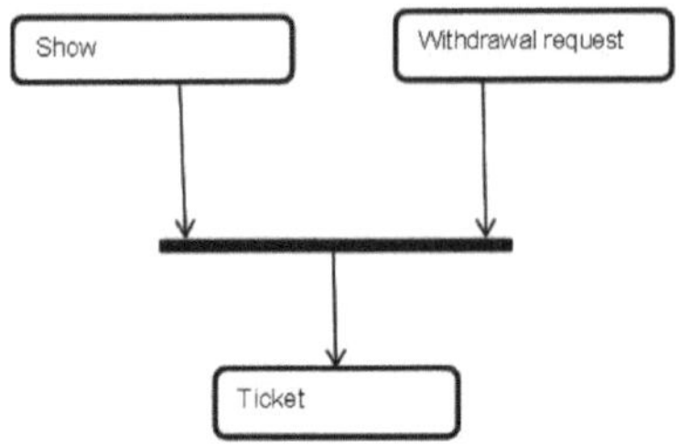

Figura 18: Actividades com nó de junção

- **Nó de fusão**

Um nó de mesclagem de teste permite vários fluxos de entrada possíveis e um único fluxo de saída. O fluxo de saída é, portanto, executado assim que um dos fluxos de entrada é ativado.

Formalismo e exemplo.

Nó de fusão de teste

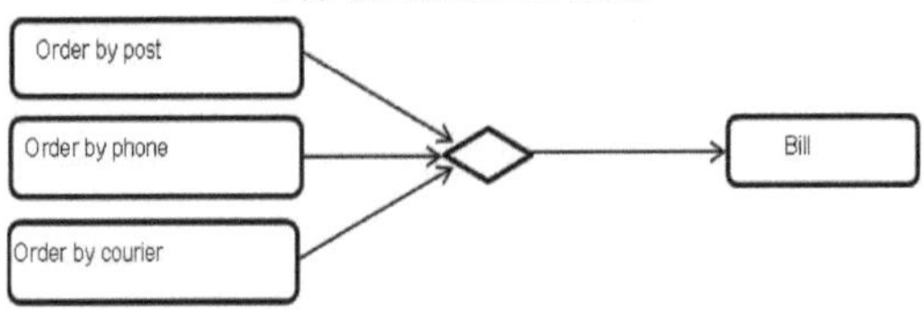

- **pino de entrada e saída**

Um pino de entrada ou de saída representa um parâmetro que pode ser especificado como entrada ou saída de uma ação. Podem ser associados ao pino um nome e um tipo de dados. Um parâmetro pode ser do tipo objeto.

Formalismo e exemplo.
Pino de entrada ou saída

Prob1 : Inteiro Prob2 : Texto RES : Número inteiro

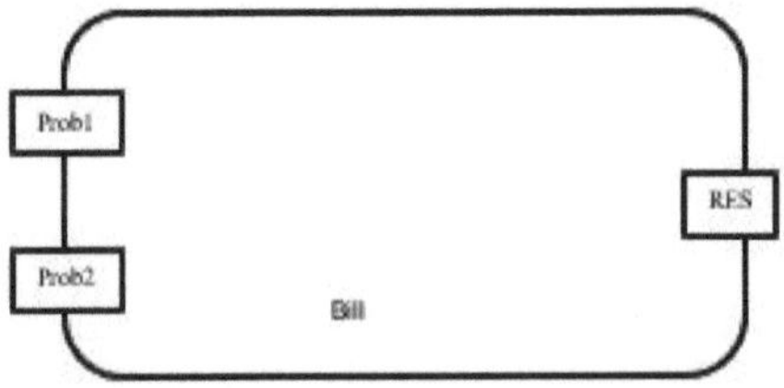

Figura 19: Pinos de entrada e saída

- **fluxo de objectos**

É utilizado um nó de objeto para representar o fluxo de dados entre as acções.

Formalismo e exemplo.

O formalismo de representação do fluxo de dados e do nó de objeto é dado diretamente através de um exemplo para o comando.

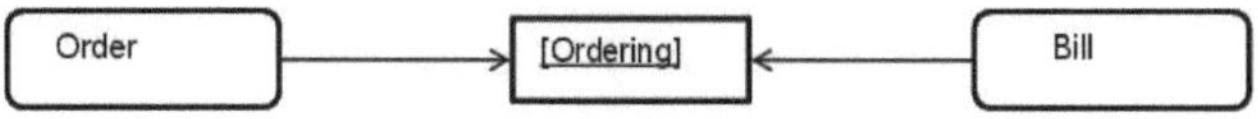

Figura 20: Objeto flutuante

- **partição**

O UML também pode ser utilizado para organizar a apresentação do diagrama de actividades em corredores de actividades. Cada corredor corresponde a uma área de responsabilidade por um determinado número de acções.

Os fluxos de objectos também estão representados no diagrama. A ordem relativa dos corredores de responsabilidade não é significativa.

- **Representação das acções de comunicação**

Num diagrama de actividades, tal como num diagrama temporal, podem ser representadas interações de comunicação ligadas a certos tipos de eventos.

Os tipos de eventos em causa são :

–sinal,

–Formalismo e exemplo de fluxo de tempo.

Sinal enviado
Sinal recebido
Aceitação de uma condição relacionada com o tempo

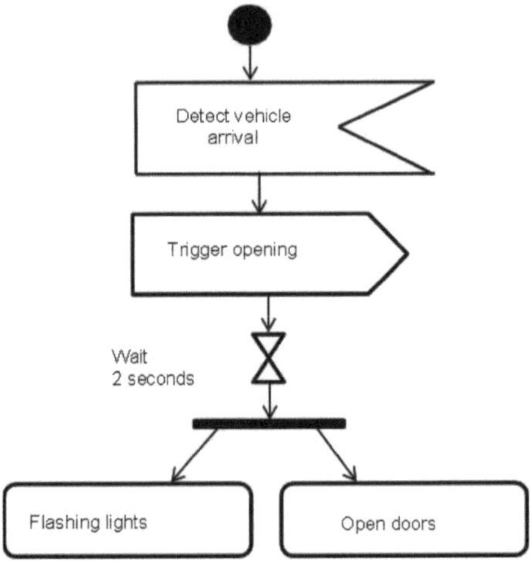

Figura 21: Ação de comunicação

2.2.5. Diagrama de sequência.

a) Objetivo.

O objetivo do diagrama de sequência é representar as interações entre objectos, indicando a cronologia das trocas. Esta representação pode ser efectuada por caso de utilização, considerando os diferentes cenários associados.

1. Apresentação geral

A principal informação contida num diagrama de sequência são as mensagens trocadas entre as linhas de vida, apresentadas por ordem cronológica.

Um diagrama de sequência é representado globalmente num grande retângulo com o nome do diagrama no canto superior esquerdo, como mostra a figura abaixo.

Formalismo geral de uma estrutura de diagramas de sequência.

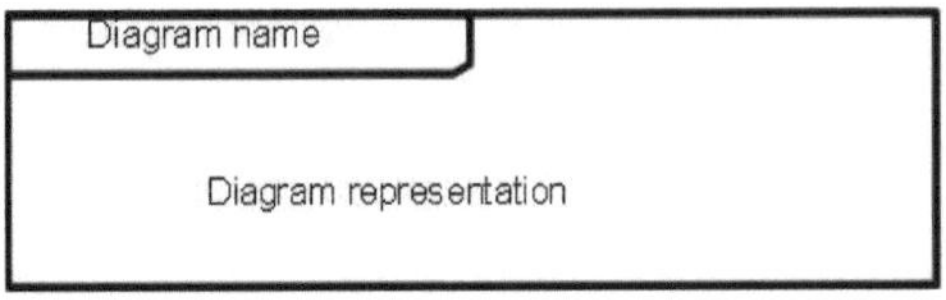

2. Conceitos básicos para diagramas de sequência.

• Linha de vida

Uma linha de vida representa todas as operações executadas por um objeto. Uma mensagem recebida por um objeto desencadeia a execução de uma operação. O feedback pode ser implícito (caso geral) ou explícito através de uma mensagem de retorno. A linha de vida dos objectos é representada por uma linha vertical a tracejado sob o símbolo do objeto em causa. Esta linha de vida especifica a existência do objeto em causa durante um determinado período de tempo. Em geral, uma linha de vida é representada a toda a altura do diagrama de sequência. No entanto, pode começar e parar dentro do diagrama.

Formalismo.

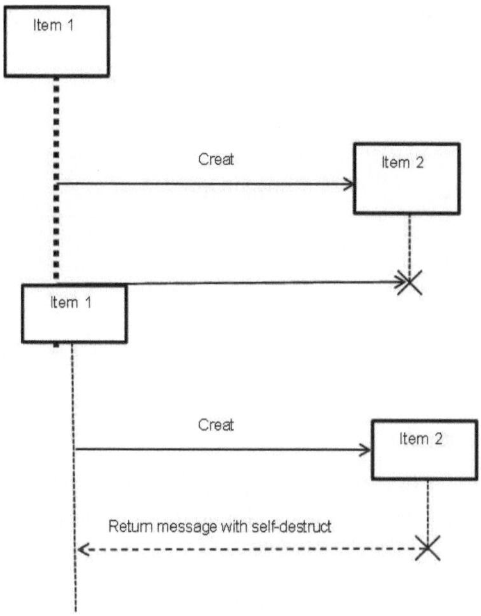

Destruir

Nota: Nas figuras acima, a criação é representada apontando a mensagem de criação para o retângulo que simboliza o objeto criado. A destruição é indicada pelo fim da linha da vida e por uma cruz (X), quer na altura da mensagem que provoca a destruição, quer após a última mensagem enviada por um objeto que se suicida.

- **Categoria de mensagem**

Num diagrama de sequência, podem distinguir-se dois tipos de mensagens:

□ **Mensagem síncrona** - Neste caso, o remetente espera por uma resposta à sua mensagem antes de prosseguir com as suas acções. A seta de ponta sólida simboliza este tipo de mensagem. A mensagem de retorno pode não ser representada porque está incluída no fim da execução da operação do objeto que recebe a mensagem. Ver a figura abaixo.

Formalismo.

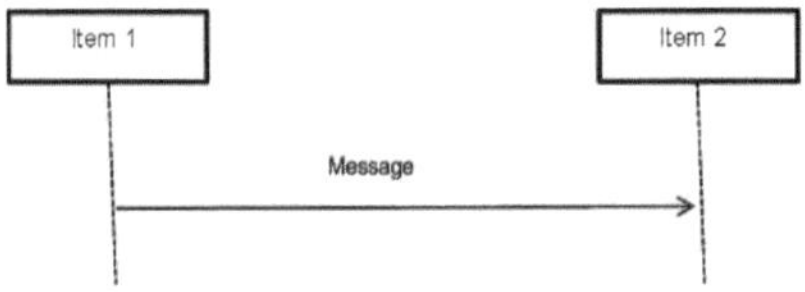

□ **Mensagem assíncrona** - Neste caso, o emissor não espera por uma resposta à sua mensagem, mas continua a efetuar as suas operações. Este tipo de mensagem é simbolizado por uma seta com uma extremidade não cheia. Veja a figura abaixo.

Formalismo.

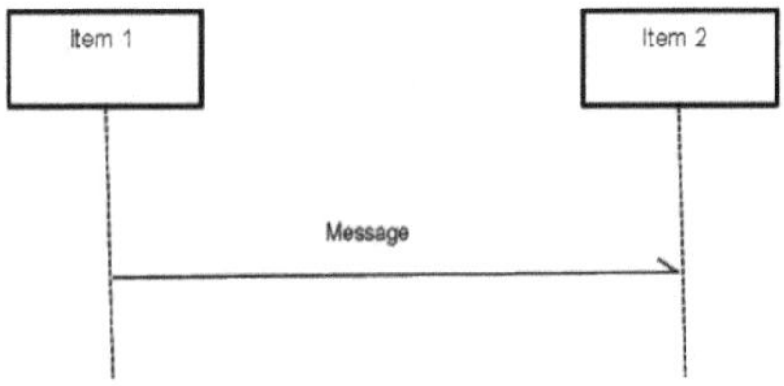

□ **Mensagem de reflexão.**

Um objeto pode enviar uma mensagem para si próprio. Esta situação é representada por uma seta que volta ao longo da linha de vida do objeto.

Formalismo.

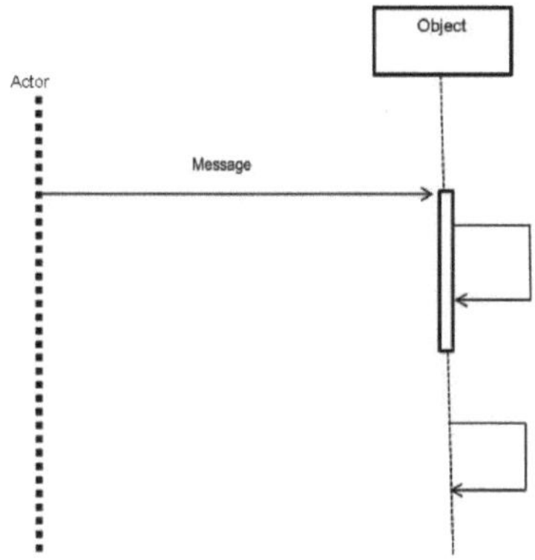

Mensagem de reflexão
Outra mensagem reflexiva

e. Interações

Interação significa o envio de uma mensagem entre objectos. O diagrama de sequência realça a cronologia dos objectos utilizando a linha de vida dos objectos.

f. Activações

Os diagramas de sequência são utilizados para representar os períodos de atividade dos objectos. Um período de atividade é o tempo durante o qual um objeto executa uma ação, diretamente ou através de outro objeto que actua como seu subcontratante.

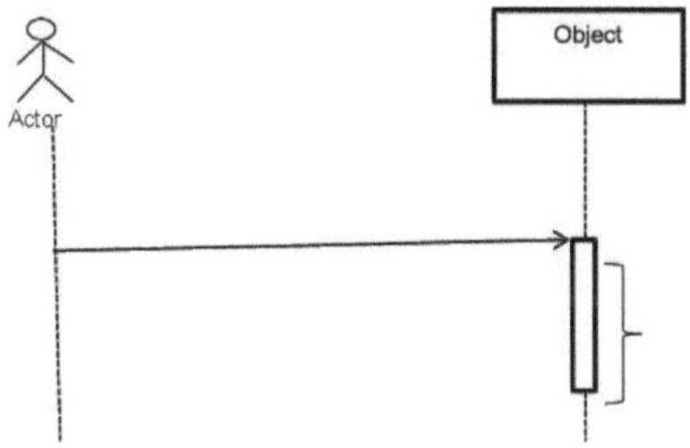

Tempo de ativação

- **Restrição de tempo**

Podem ser especificadas restrições de tempo entre mensagens. Além disso, quando a transmissão de uma mensagem exige uma determinada duração, esta é representada sob a forma de uma linha oblíqua. A figura seguinte apresenta um exemplo geral de um condicionalismo temporal.

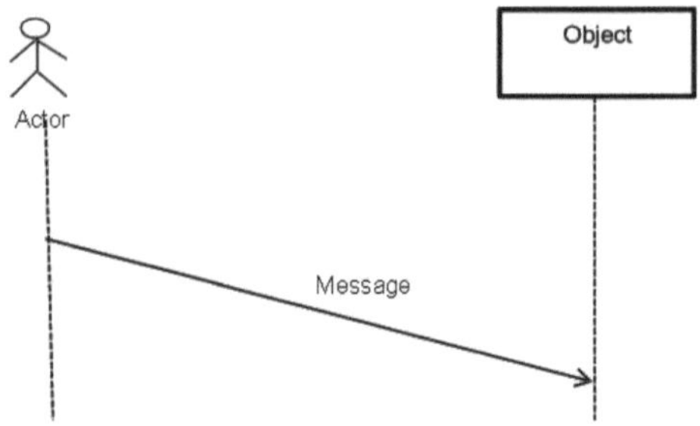

Diagrama de objectos

1. Objetivo.

Um diagrama de objectos mostra as ligações entre objectos. Os objectos, que são instâncias de classes, estão ligados por ligações, que são instâncias de associações. Com a exceção da multiplicidade, que é explicitamente indicada, o diagrama de objectos utiliza os mesmos conceitos que o diagrama de classes. São essencialmente utilizados para compreender ou ilustrar partes complexas de um diagrama de classes.

Formalismos e exemplos.

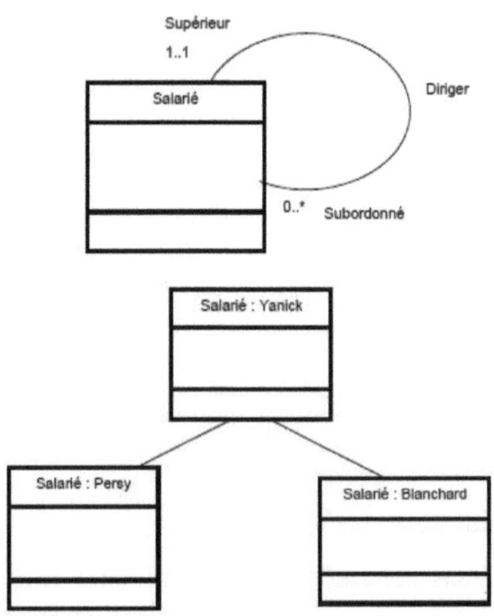

2. 4.7. Diagrama de componentes

a) Objetivo

O diagrama de componentes é utilizado para representar os componentes de software de um sistema e as ligações entre esses componentes. Os componentes de software podem ter duas origens: os componentes de negócio próprios de uma empresa ou os componentes disponíveis no mercado, como os componentes EJB, CORBA, .NET ou WSDL.

b) Conceitos básicos para o diagrama de componentes. Um componente.

Um componente é uma vista física que representa uma parte implementável de um sistema. Um componente pode ser um código, um script, um ficheiro de comandos, um ficheiro de dados, uma tabela, etc... Pode implementar um conjunto de interfaces que definem o comportamento oferecido a outros componentes.

Um porto.

Uma porta é um ponto de ligação entre um livro de trabalho e o seu ambiente, ou uma porta de componente representa o ponto de ligação entre o componente e uma interface. O nome da porta pode ser apresentado perto da sua representação.

c) Formalismo geral de componentes.

Um componente é representado por uma pasta com a palavra-chave "componente". "Também pode utilizar um livro de trabalho com um ícone que representa um módulo, como na figura abaixo.

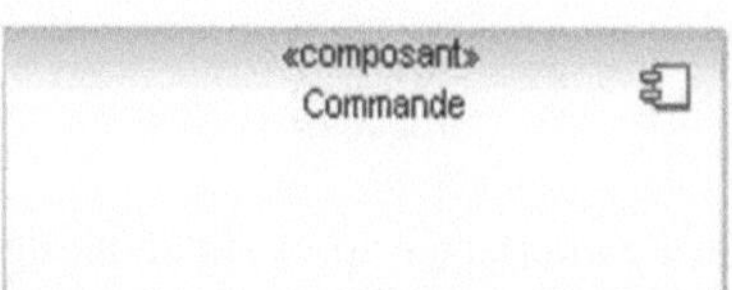

d) Tipos de representação

Estão disponíveis dois tipos de representação para os componentes do modelo: uma representação em "caixa negra" e uma representação em "caixa branca" ". Para cada desempenho, são propostos vários modelos de componentes.

Representação da "caixa negra".

É uma visão externa do componente que apresenta as suas interfaces fornecidas e necessárias sem entrar nos pormenores da implementação do componente. Uma caixa negra pode ser representada de diferentes formas.

✓ **Conector de montagem**

Uma interface fornecida é representada por uma linha e um pequeno círculo, e uma interface necessária por uma linha e um semicírculo. Estes são os conectores de montagem.

Formalismo e exemplo.

Um exemplo de modelação com conectores de montagem é apresentado na figura abaixo. O componente Command tem duas interfaces fornecidas e duas interfaces necessárias.

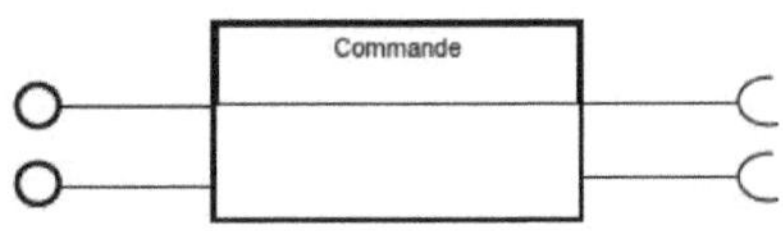

Figura 22: Conector de montagem

✓ **Conector de interface.**

Também pode ser utilizada outra representação, baseada nas dependências de interface que utiliza e realiza:

- para uma interface fornecida, trata-se de uma relação de realização que vai do componente à interface ;
- para uma interface necessária, é uma dependência com a palavra-chave "uses" que vai do componente para a interface.

Formalismo e exemplo.

Um modelo com conectores de interface é apresentado na figura abaixo. A componente Encomenda tem uma interface "Gestão de encomendas" fornecida e uma interface "Produto" necessária.

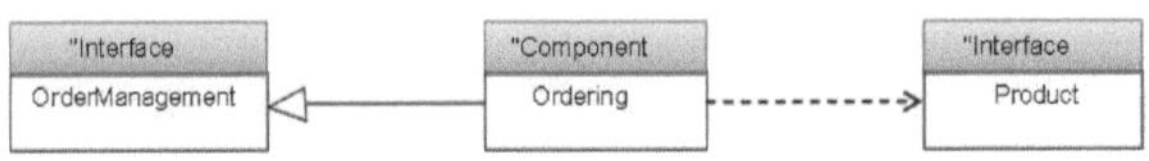

✓ **Compartimento.**

Uma última forma de modelar um componente com uma representação de caixa negra é descrever em forma de texto as interfaces fornecidas e necessárias num segundo compartimento.

Formalismo e exemplo.

Um modelo com os compartimentos é apresentado na figura abaixo.

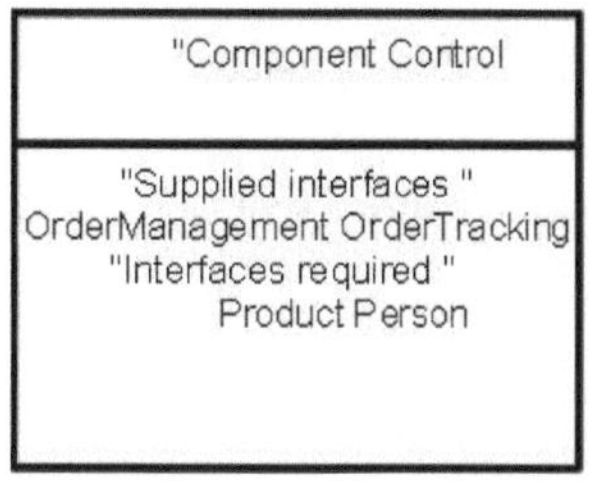

Representação de "caixa branca".

É uma visão interna do componente que descreve a sua implementação utilizando os classificadores (classes, outros componentes) que o compõem. São possíveis vários modelos para a representação da caixa branca.

✓ **Compartimento**

Uma forma de modelar um componente com uma representação de caixa branca consiste em descrever textualmente as interfaces fornecidas e necessárias num compartimento, os classificadores (classes, outros componentes) noutro compartimento e os artefactos que representam fisicamente o componente num compartimento final.

Formalismo e exemplo.

Um modelo com os compartimentos é apresentado na figura abaixo.

"Componente Controlo Controlo
" Interfaces fornecidas " OrderManagement OrderTracking "Interfaces necessárias " Produto Pessoa

"Conquistas" DetailOrder OrderLine
"Comando Artefactos.dll

✓ **Dependência.**

Também pode ser utilizada outra representação interna do componente, utilizando **dependências**. Desta forma, os classificadores que compõem o componente estão ligados a ele por uma relação de dependência. As relações entre classificadores (associação, composição, agregação) também são modeladas. No entanto, se forem demasiado complexas, podem ser representadas num diagrama de classes ligado ao componente por uma nota.

Formalismo e exemplo.

Na figura seguinte é apresentado um modelo de caixa branca com as dependências e o caso de controlo.

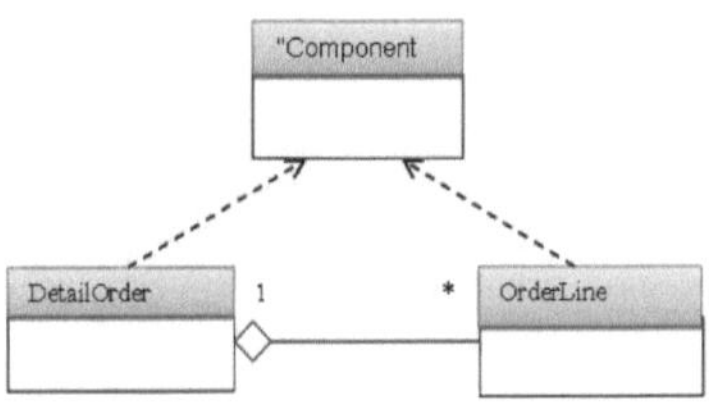

Figura 23: Dependência

2.4.8. Diagrama de implantação

a) Objetivo.

O diagrama de implantação representa a arquitetura física que suporta o funcionamento do sistema. Esta arquitetura compreende os nós que correspondem aos suportes físicos (servidores, routers, etc.) e a distribuição dos artefactos de software (bibliotecas, executáveis, etc.) nesses nós. Esta arquitetura é modelada a partir de uma rede real constituída por nós e ligações entre esses nós.

b) Conceitos de base para os diagramas de implantação. Artefacto.

Um artefacto é a especificação de um elemento físico que é utilizado ou produzido pelo processo de desenvolvimento do software ou pela implantação do sistema. Trata-se, portanto, de um elemento concreto, como um ficheiro, um executável ou uma tabela de base de dados.

Um artefacto pode ser ligado a outros artefactos através de ligações de dependência.

Formalidades e exemplos

Um artefacto é representado por um retângulo na figura abaixo, caracterizado pela palavra-chave "artefacto" e/ou por um ícone específico no canto direito do retângulo.

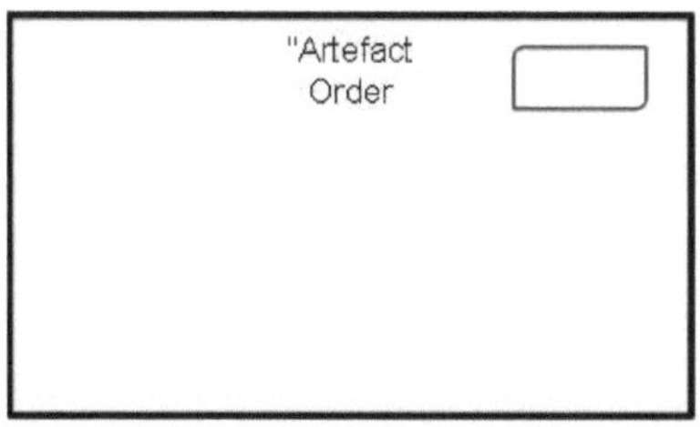

Figura 24: Um artefacto

Nó

Um nó corresponde a um recurso de processamento de hardware no qual serão implementados artefactos para operar o sistema. Os nós podem ser interconectados para formar uma rede de elementos físicos.

Formalismo e exemplo.

Um nó ou instância de nó é representado por um cubo ou paralelepípedo como na figura abaixo.

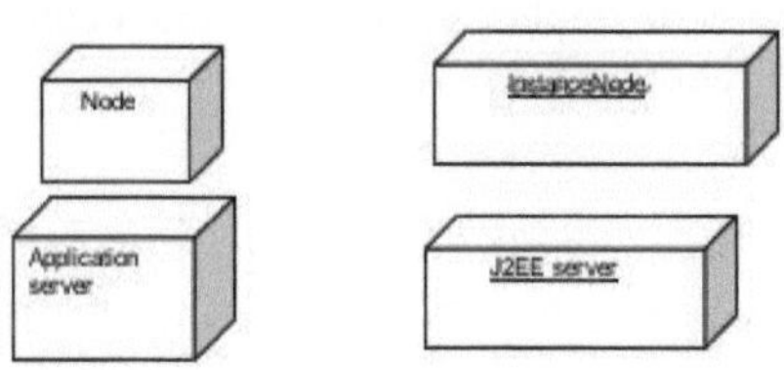

c) Ligações entre um artefacto e outros elementos do diagrama

Existem duas formas de representar a ligação entre um artefacto e o seu nó pai:

- **Representação inclusiva** - Nesta representação, um artefacto é representado no nó em que está fisicamente localizado.

Formalidades e exemplos

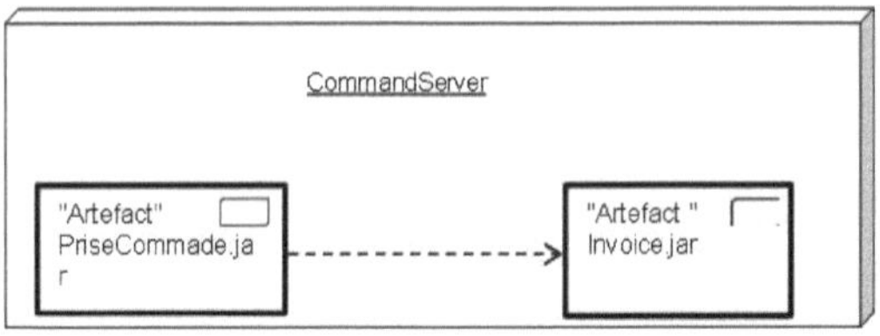

Figura 25: Ligações entre artefactos e outros elementos

Representação com uma ligação de dependência de "implantação"

Neste caso, o artefacto é representado fora do nó a que pertence, com uma ligação de dependência entre o artefacto e o nó, tipificada com a palavra-chave "desdobramento". Formalismo e exemplo

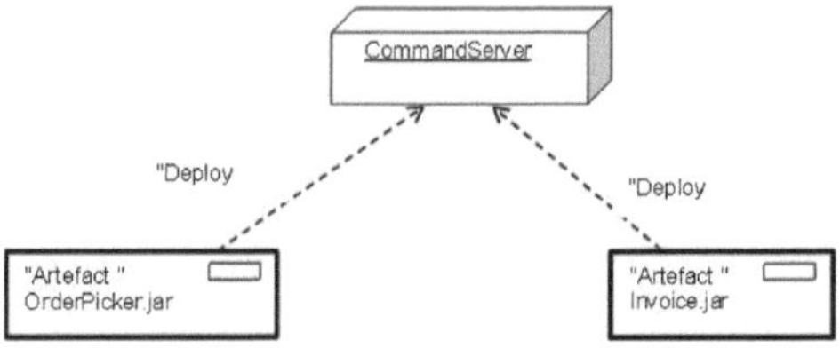

Figura 26: Representação com uma ligação de dependência "deploy

NB: Num diagrama de implantação, as associações entre nós são vias de comunicação que permitem a troca de informações.

Exemplo de um diagrama de implantação que ilustra a comunicação entre vários nós.

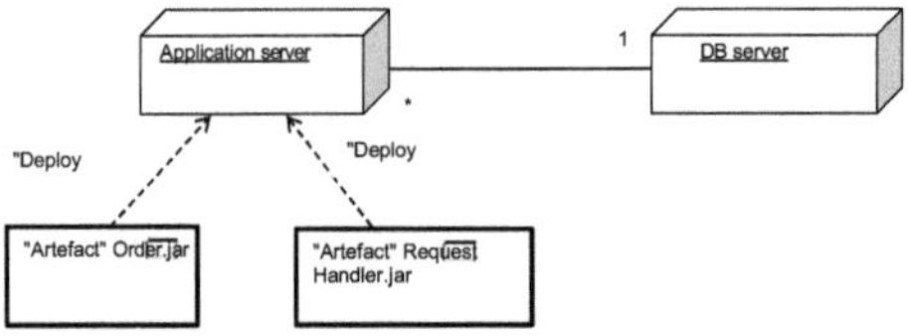

Figura 27: Diagrama de implantação ilustrando a comunicação entre vários nós

2.4.9. Diagrama de pacotes

a) Objetivo.

Um **pacote** agrupa elementos de modelação, também designados por membros, relativos a um subconjunto do sistema. A divisão em pacotes deve refletir uma divisão lógica do sistema a construir, correspondendo a espaços de nomes homogéneos.

b) Atenção.

Os elementos de um pacote podem ter visibilidade declarada como pública (+) ou privada (-).

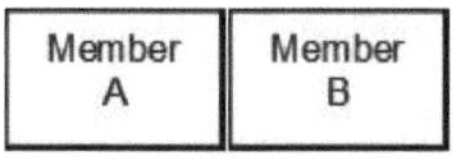

Um pacote pode importar elementos de outro pacote. Um pacote pode ser fundido com outro pacote.

c) Formalismo

A figura abaixo mostra o formalismo geral de um pacote e as três formas de o apresentar.

✓ **Representação global** - O nome do pacote está dentro do retângulo grande.

✓ **Representação pormenorizada** - Os membros do pacote são representados e o nome do pacote global é mostrado no pequeno retângulo.

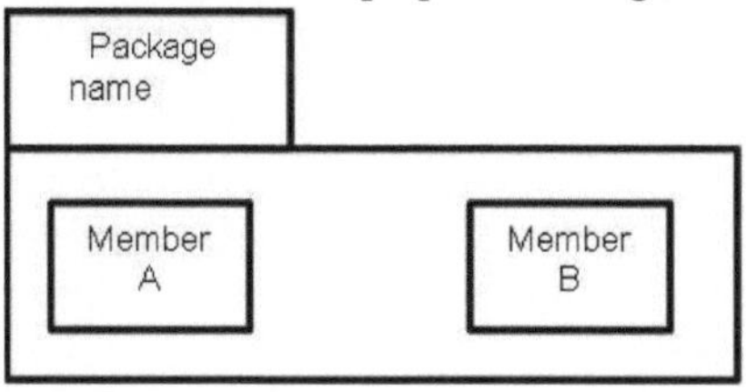

✓ **Representação explodida** - Os membros do pacote estão ligados por uma ligação ligada ao pacote pelo símbolo ⊕.

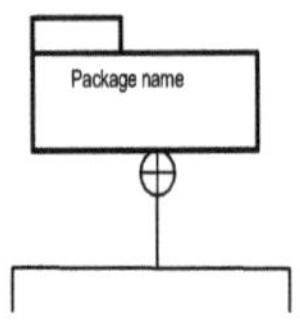

Dependência entre pacotes

A **dependência entre pacotes** pode ser qualificada por um nível de visibilidade que pode ser público ou privado. O tipo de visibilidade por defeito é público. Cada tipo de visibilidade está associado a uma ligação de dependência. Os dois tipos de dependência entre pacotes são :

- **"import"** - Este tipo de dependência permite a um determinado pacote importar o espaço de nomes de outro pacote. Desta forma, todos os membros do pacote dado têm acesso a todos os nomes dos membros do pacote importado, sem terem de utilizar explicitamente o nome do pacote em causa. Este tipo de dependência corresponde a uma ligação com visibilidade "pública".

- **"access"** - Este tipo de dependência permite a um determinado pacote aceder ao espaço de nomes de um pacote de destino. O espaço de nomes não é importado e não pode ser transmitido a outros pacotes por transitividade. Este tipo de dependência corresponde a uma ligação com visibilidade "privada".

Formalidades e exemplos

Neste exemplo, os elementos do cliente externo são importados para o Domínio do Cliente e depois para o Domínio de Terceiros. No entanto, os elementos internos do cliente só são acessíveis através do pacote Domínio do cliente e, portanto, não a partir do pacote Domínio de terceiros.

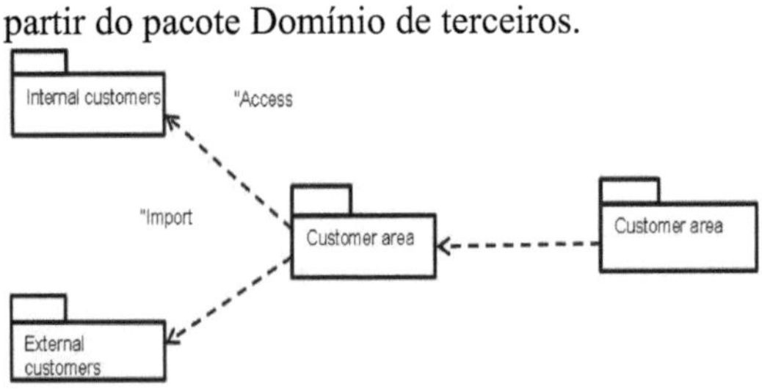

"Importar"

Finalmente, a UML também oferece uma operação de fusão entre dois pacotes. Neste caso, a ligação de dependência inclui a palavra-chave "merge".

Este tipo de ligação é utilizado para fundir dois pacotes, obtendo-se assim um pacote que contém a fusão dos dois pacotes originais. Para esclarecer esta operação, é importante qualificar os pacotes envolvidos nesta fusão com papéis.

Há três papéis a distinguir:

- o pacote a ser fundido (entrando na fusão, mas preservado após a fusão) ;
- o pacote recetor (o pacote original antes da fusão, mas não retido após a fusão) ;
- o pacote de resultados (pacote que contém o resultado da fusão e substitui o conteúdo do pacote original).

Um exemplo típico de uma fusão entre dois pacotes é mostrado na figura abaixo.

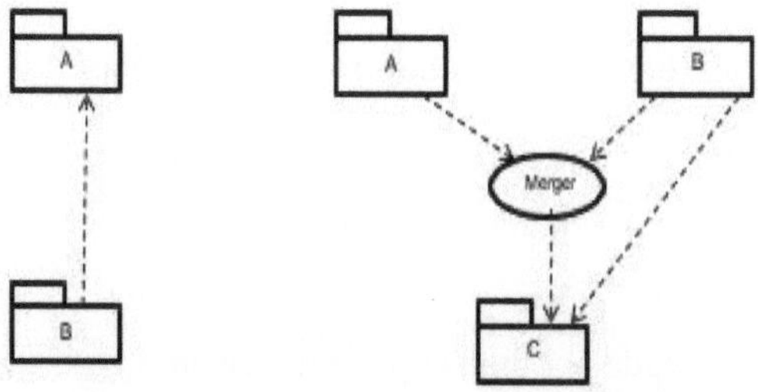

Figura 28: Fundindo dois pacotes

2.4.10.Diagrama de estruturas compostas (diagrama de estrutura composta)

a) Objetivo

O diagrama de estrutura composta é utilizado para descrever a colaboração de instâncias (de classes, componentes, etc.) que constituem funções específicas do sistema a desenvolver.

b) Conceito básico Colaboração

Uma **colaboração** é um conjunto de papéis de elementos que interagem para realizar uma determinada função. Existem duas formas de representar uma colaboração:

- representação através de uma colaboração de papéis,
- representação através de uma estrutura composta: o diagrama de estrutura composta.

c) Formalismos e exemplos

□Représentation colaborando nas funções.

Neste caso, uma colaboração é formalizada por uma elipse a tracejado, na qual são apresentados os papéis dos elementos que interagem para alcançar a função pretendida. Neste exemplo, a função Business Object Persistence é o resultado da colaboração entre duas funções de elementos:

- mapeamento: classBusiness,
- armazenamento: tableBDD.

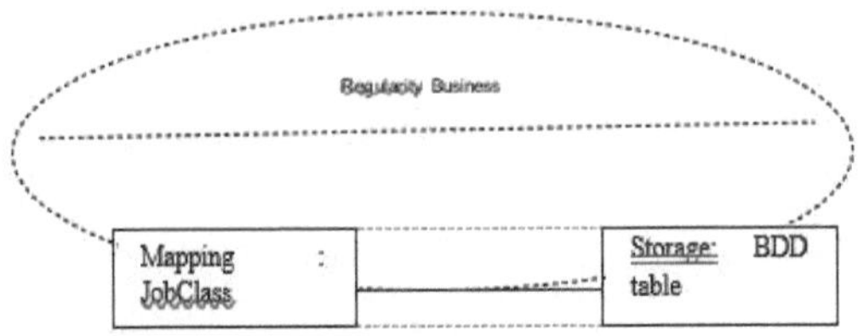

Figura 29: Colaboração de funções

□Représentation com um diagrama de estrutura composta.

Esta nova representação na figura abaixo mostra os elementos de colaboração de forma mais explícita:

- colaboração representada por uma elipse a tracejado ;
- elementos que participam na colaboração (classe, componente, etc.) representados fora da colaboração ;
- os papéis considerados em cada participação representados nas ligações entre os elementos participantes e a colaboração.

Classe de negócio		TabelaBDD
Atributo 1 Atributo 2 . .	Regularidade do objeto de negócio Mapeamento do stock	Atributo 1 Atributo 2 . .

Figura 30: Diagrama da estrutura composta

NOTA :

–Neste exemplo, a função Business Object Persistence é o resultado da colaboração entre a classe BusinessClass na função de mapeamento e a classe DB Table na função de armazenamento;

–Esta representação também permite especificar apenas os atributos das classes participantes que são considerados de acordo com as funções tidas em conta.

2.4.11. Diagrama de comunicação

a) Objetivo.

O diagrama de comunicação representa as interações de uma forma diferente do diagrama de sequência. O diagrama de comunicação centra-se mais no aspeto espacial das trocas do que no aspeto temporal.

b) Conceito básico.

✓ **Papel**

Cada participante numa troca de mensagens correspondente a uma linha de vida no diagrama de sequência é representado como uma função no diagrama de comunicação. Uma função é identificada por: **<Nome da função>** : **<Nome do tipo**>.

Uma das duas partes desta identificação é obrigatória, tal como o separador ":". **O nome da função** corresponde ao nome do objeto se o ator ou a classe tiver uma função única em relação ao sistema. **O nome do tipo** corresponde ao nome da classe quando os objectos são manipulados.

Exemplo
Administrador: utilizador

Este exemplo significa que para um utilizador que é visto através da sua função de administrador.

✓ **Mensagem**

Uma mensagem corresponde a uma chamada de operação efectuada por uma função emissora a uma função recetora. O significado da mensagem é dado por uma seta por cima da ligação que liga os participantes na mensagem (origem e destinatário). Cada mensagem é identificada por: **<Número>: nome ( )**
Mais precisamente, a identificação d e uma mensagem deve respeitar a sintaxe seguinte:

[mensagem no. [cláusula de iteração] [condição]" :
"nome da mensagem.

• Número da mensagem anterior recebida: utilizado p a r a indicar a cronologia das mensagens;

• Número de mensagem: número hierárquico de mensagem do tipo 1.1, 1.2..., com uma letra para indicar a transmissão simultânea de mensagens;
• Cláusula de iteração: indica se a mensagem é enviada repetidamente. A sintaxe é *[especificação de iteração] ;
• Condição: indica se uma condição deve ser satisfeita antes de a mensagem poder ser enviada.

Exemplos
1.2.1 * [3 vezes]: para que uma mensagem seja enviada três vezes seguidas.
1.2a e 1.2b: para duas mensagens enviadas ao mesmo tempo.

Exemplo de designação de uma mensagem:
1.5e.3.3 [se t > 60]: lançar ( )

Esta mensagem significa :

• 1.5e: número da mensagem recebida antes do envio da mensagem atual.
• 3.3: número atual da mensagem a enviar.
• [Se t > 60]: mensagem a enviar se t > 60.
• launch ( ): nome da mensagem a enviar.

c) Formalismos e exemplos para um diagrama de comunicação

As funções correspondem a objectos. A ligação entre as funções é representada por uma linha que é o meio para as mensagens trocadas. A figura abaixo mostra o formalismo básico do diagrama de comunicação.

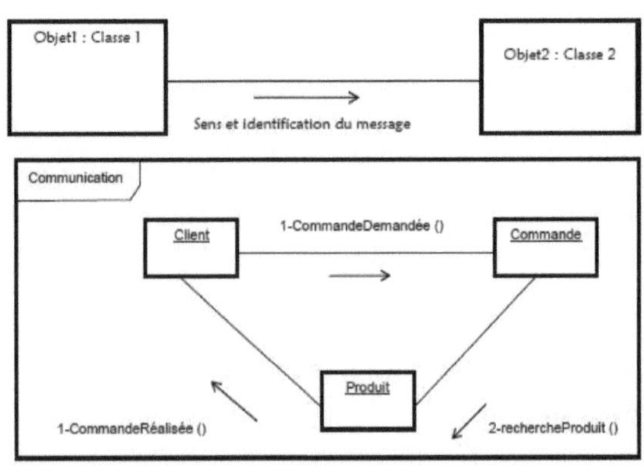

Figura 31: Diagrama de comunicação

2.4.12. Diagrama de temporização

a) Objetivo.

Os diagramas temporais podem ser utilizados para representar os estados e as interações dos objectos num contexto em que o tempo tem uma forte influência no comportamento do sistema a gerir, ou seja, o diagrama temporal permite uma melhor representação das mudanças de estado e das interações entre objectos ligadas a restrições temporais. Para tal, o diagrama temporal utiliza os seguintes conceitos, para além das linhas de vida:

- Estados condicionados ou linhas de tempo com duas representações gráficas possíveis.
- Representações específicas dos aspectos temporais: escala de tempo, restrições de duração, eventos, etc.

b) Conceitos mais utilizados.

O diagrama temporal utiliza três conceitos básicos:

- **Linha de vida**: representa o objeto que se pretende descrever. É desenhada horizontalmente. Podem aparecer várias linhas de vida num diagrama temporal.
- **Estado condicionado ou linha de tempo:** os diferentes estados que o objeto de estudo pode assumir são listados em colunas, permitindo seguir o comportamento do objeto linha a linha (uma linha para cada estado).

- **Estados lineares:** Trata-se do mesmo conceito que o anterior, mas a sucessão de estados é representada de forma linear através de um gráfico especial.

c) Formalismos e exemplos para um diagrama temporal.

Ou representar o dispositivo de aquecimento de um ferro a vapor quando este é posto em funcionamento de acordo com as seguintes regras

- a bomba de água que enche a câmara de aquecimento é activada assim que o indicador interno de água mostra um pedido;
- a bomba de água desliga-se assim que o nível de água necessário é atingido;
- o sistema de aquecimento da água, que produz o vapor, entra em ação na primeira utilização do ferro, logo que o nível de água na câmara de aquecimento seja suficiente;
- o aquecimento inicial da água dura 3 minutos, permitindo a produção de vapor.

Neste exemplo, temos dois objectos a estudar: uma bomba de água e um aquecedor de água. Vamos considerar dois estados significativos para cada um deles: ativado e desativado.

2.4.13. Diagrama de interação (diagrama de síntese de interação)

a) Objetivo

O diagrama de interação global é utilizado para representar uma visão geral das interações descritas no diagrama de sequência e dos fluxos de controlo descritos no diagrama de atividade.

b) Apresentação geral

O diagrama de interação global dá prioridade à visão geral dos fluxos de controlo em que os nós são interações ou utilizações de interações (referência do operador).

Por outras palavras, o diagrama de interação global é um diagrama de actividades no qual são representados fragmentos de interação ou utilizações de interação. Desta forma, é possível representar :

- escolha dos fragmentos de interação (fusão) ;
- desdobramento paralelo de fragmentos de interações (desconexão e junção);
- laços de fragmentos de interação.

As linhas de vida abrangidas pelo diagrama de interação global podem ser citadas no cabeçalho do diagrama, mas não precisam de ser representadas graficamente.

c) Conceitos mais utilizados

O diagrama de interação global utiliza os conceitos do diagrama de actividades, com duas adições:

- Fragmentos de interação no diagrama de sequência: Como mostra a figura abaixo, esta é a noção de fragmento de interação vista no diagrama de sequência, mas que não precisa de ser detalhada a este nível.

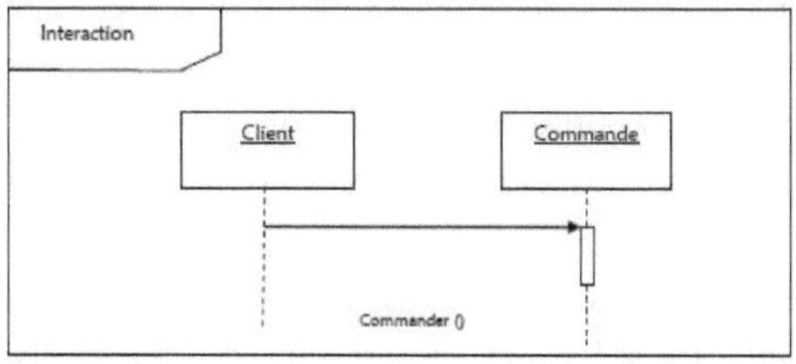

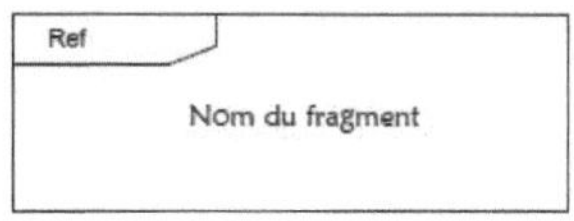

• Utilizar fragmentos de interação: Também é possível chamar fragmentos de interação utilizando o operador ref., como mostra a figura abaixo

d) Formalismo e exemplo de um diagrama de interação global.

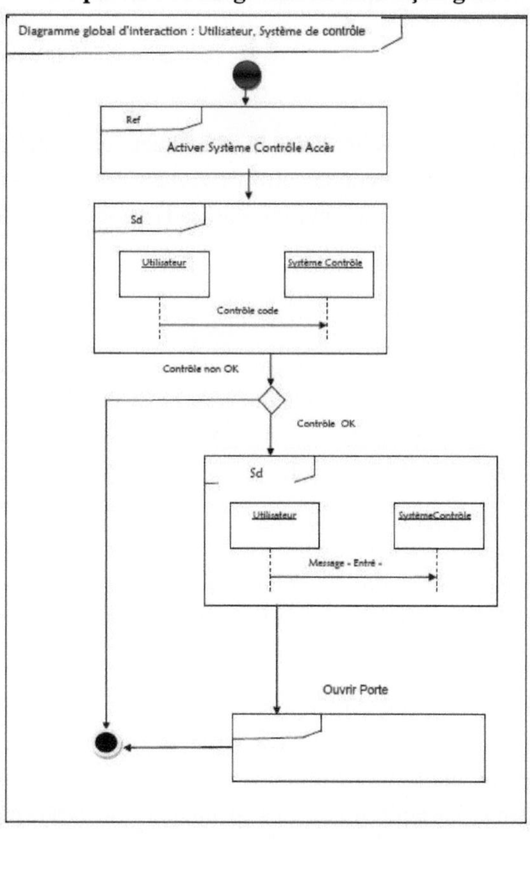

2.3. Modelos e métodos de conceção de material didático (12 horas)

Após a apresentação de uma tipologia de software educativo (Mucchielli 87), os alunos, em grupos de dois, decidem o tema do seu projeto de courseware; os projectos foram listados através de um exercício de brainstorming (Cf. § Projectos). Para estruturar a nossa discussão sobre CAE, partimos do modelo de enquadramento de Depover (Depover 87), enriquecido por conceitos desenvolvidos num trabalho mais recente (Barthet 88).

São analisados os seguintes modelos:

- do utilizador,
- ensino,
- de aprendizagem, do domínio (conteúdo),
- a apresentação da situação de aprendizagem (ergonomia do software),
- subjacente aos diferentes tipos de software educativo.

Estes conceitos são reduzidos, tanto quanto possível, à sua possível transposição para HyperCard.

Ao mesmo tempo, os alunos aperfeiçoam a maquete em papel do seu software (ver § Desenhar páginas de ecrã do software HyperCard). Antes de passar à fase de produção, as maquetas são revistas por cada grupo e a sua viabilidade é verificada.

2.4. Produção do tutorial.

Os alunos criam o seu software a partir das páginas do ecrã em papel. A digitalização foi utilizada extensivamente para as ilustrações. É fornecida ajuda para o desenvolvimento de guiões (rotinas em linguagem de programação HyperTalk). O software produzido foi depois testado por alunos de um curso superior (TECH 1), utilizando uma grelha de avaliação de tutoriais (Dessus 90; Dufoyer 88).

É de salientar que nem todos os grupos investiram neste projeto da mesma forma, tendo-se verificado diferentes níveis de trabalho, consoante a utilização, ou não, da linguagem HyperTalk1 .

- **Nível 1**: Os alunos não utilizam a programação HyperTalk, exceto para passar de um cartão para outro. Os seus programas são do tipo "page-turner", geralmente escritos numa única pilha. A sua ergonomia e a sua apresentação são, evidentemente, bastante frustrantes (nenhuma orientação para o utilizador, pouca ajuda).

- **Nível 2**: Os alunos elaboraram (ou adaptaram a partir de manuais) pequenos guiões para analisar as respostas, ou para criar uma animação entre algumas cartas. O tutorial está estruturado, com as cartas divididas em várias pilhas de acordo com a sua função. Inclui geralmente uma pilha de ajuda bem concebida.

- **Nível 3**: Os alunos efectuaram um grande trabalho de programação, nomeadamente para analisar as respostas e avaliar os resultados (pontuações). Por vezes, são utilizadas rotinas externas do domínio público (Rinaldi 88) para melhorar o som e a imagem. A ergonomia e a apresentação são bem pensadas. A maioria dos alunos reinvestiu os seus conhecimentos noutras aplicações HyperCard (gestão de um projeto educativo, gestão de uma experiência). Todos são proprietários de Macintosh.

2.5. Afinação e avaliação.

Tendo em conta a avaliação e os comentários feitos pelos seus colegas de licenciatura, os estudantes estão a aperfeiçoar e a harmonizar a apresentação e a ergonomia do seu material didático.

Em seguida, para encerrar a UV, é efectuada uma avaliação geral.

2.6. Discussão

Muitos autores (De Landsheere 83; Collette 90) sublinharam a necessidade de os professores serem formados na criação de material didático, com vista a uma melhor utilização das CAE.

Tentámos aqui mostrar uma possível via de investigação, não com uma linguagem de autor, como os autores citados, mas com software de hipermédia. Esta abordagem apresenta um certo número de vantagens:

- Maior modularidade do material didático, devido à "orientação para objectos" do HyperCard, o que significa maior facilidade de conceção e produção e flexibilidade na escolha da estrutura do software (Hennart 86).

- Possibilidade de acesso a um ambiente hipermédia (som, imagens digitalizadas, outras aplicações, etc.);

- Uma grande variedade de opções de apresentação, graças em parte ao ponto anterior, mas também à interface Macintosh (várias fontes, ferramentas de desenho) e à capacidade de criar e gerir pequenas bases de dados;

- Ainda é difícil para um não-programador criar analisadores de resposta e scripts de gestão de notas (estamos a trabalhar na criação de botões que integram estas funções e que podem ser inseridos em qualquer projeto);

- Os conceitos do HyperCard são difíceis de compreender e manipular (variáveis globais, tráfego de mensagens, etc.);

- A não linearidade do hipertexto (Lévy 90) torna o material didático difícil de corrigir: uma página do ecrã tem vários antecessores, cuja sequência correta deve ser verificada quando é corrigida ou criada;

- O editor de scripts é demasiado rústico e simplista (na versão 1.1) e a execução dos scripts é lenta (sem compilação).

O valor de um tal curso só pode ser visto mais tarde, quando os estudantes tentam reinvestir o que aprenderam noutros projectos, ou na escolha e avaliação de material didático "pronto a usar". Então, poderá o HyperCard ser utilizado para formar professores na conceção de material didático? Sim, desde que não coloquemos os fins ao serviço dos meios, como Marty escreveu corretamente, citado e traduzido por Demaizière (Demaizière 86): "Os materiais informatizados só podem ser bem sucedidos na medida em que se baseiam num método de ensino que provou ser bem sucedido na sala de aula".

BIBLIOGRAFIA

1) (Barthet 88) M.-F. Barthet: Logiciels interactifs et ergonomie. Paris, Dunod, 1988, 219 p.
2) (Collette 90) M. Collette: Sur l'utilité d'une formation d'enseignants au dialogue élève-ordinateur. INRP. ASTER, 11, 1990, pp. 137-174.
3) (Demaizière 86) F. Demaizière: Ensino assistido por computador. Paris, Ophrys, 1986.
4) (Depover 87) C. Depover: L'ordinateur média d'enseignement. Bruxelas, De Boeck, 1987, 235 p.
5) (Despins 87) J-P. Despins, M-C. Bartholy: Arsenic et jeunes cervelles. Paris, U.G.E., col. 10/18, 1987, 334p.
6) (Dessus 90)P. Dessus, P. Marquet: Outils d'évaluation de logiciels éducatifs. Bulletin de l'EPI, 60, 1990, pp. 131-142.
7) (Dufoyer 88) J-P. Dufoyer: Informatique, éducation et psychologie de l'enfant. Paris, PUF, 1988, 233p.
8) (Hénnart 86) M. Hénnarrt, J-F. Berthon, M. Binse: Ecrire des logiciels pédagogiques. Paris, Cedic/Nathan, 1986, 248p.
9) (Landsheere 83) G. de Landsheere: Formação de professores na EAO: um controlo da qualidade dos professores. Educação Permanente, 70-71, 1983,pp. 73-82.
10) (Levy90) P. Levy: Les technologies de l'intelligence. Paris, La Découverte, 1990.
11) (Muchielli87) A. Muchielli: L'enseignement par ordinateur. Paris, P.U.F., Que sais-je?, 1987, 128 p.
12) (Rinaldi 88) F. Rinaldi: HyperCard: la programmation en HyperTalk. Paris, Cédic/Nathan, 1988.

ÍNDICE DE CONTEÚDOS

MIX
Papier aus verantwortungsvollen Quellen
Paper from responsible sources
FSC® C105338

Printed by Books on Demand GmbH, Norderstedt / Germany